Tatínka mám velmi rád

I LOVE MY DAD

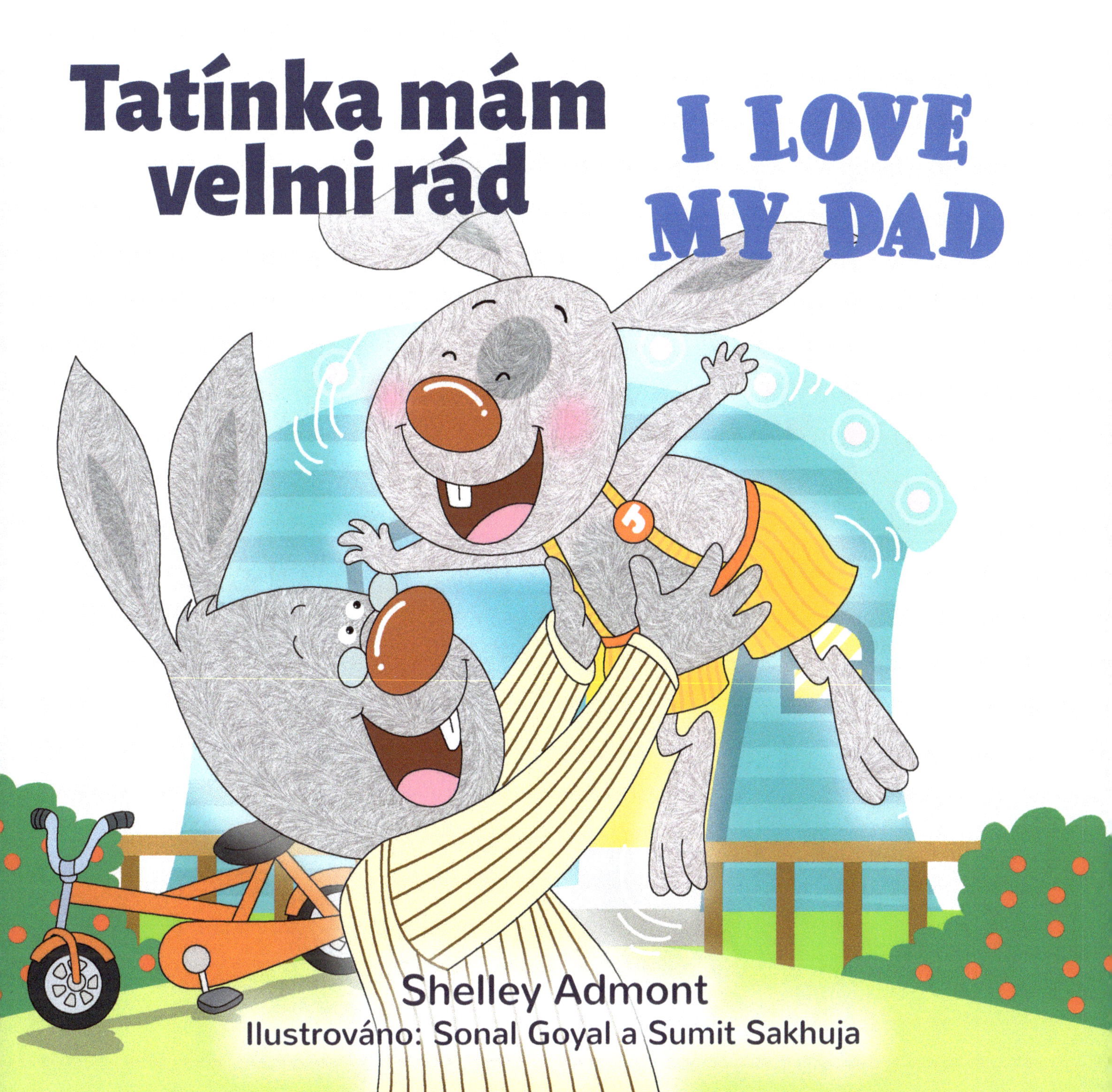

Shelley Admont

Ilustrováno: Sonal Goyal a Sumit Sakhuja

www.kidkiddos.com

support@kidkiddos.com

First edition

Translated from English by Anna-Marie Liptaiová
Z anglického jazyka přeložila Anna-Marie Liptaiová
Czech editing by Viola Sadykova
Český text upravila Viola Sadykova

Library and Archives Canada Cataloguing in Publication
I Love My Dad (Czech English Bilingual Edition)/ Shelley Admont
ISBN: 978-1-5259-4279-2 paperback
ISBN: 978-1-5259-4280-8 hardcover
ISBN: 978-1-5259-4278-5 eBook

Please note that the Czech and English versions of the story have been written to be as close as possible. However, in some cases they differ in order to accommodate nuances and fluidity of each language.

Pro ty, které miluji nejvíce

For those I Love the Most

Jednoho slunečného dne se králíček Jimmy a jeho dva starší bratři proháněli na kolech. Jejich tatínek seděl na dvorku a četl si knihu.

One summer day, Jimmy the little bunny and his two older brothers were riding their bicycles. Their dad sat in the backyard, reading a book.

Dva starší králíčci se při závodění hlasitě smáli. Jimmy se je snažil dohonit na svém kole s přídavnými kolečky.

The two older bunnies laughed loudly as they raced. Jimmy tried to catch up on his training wheel bike.

„Hej, počkejte na mě! Já chci taky závodit!" zakřičel. Ale jeho bratři byli už daleko a jeho kolo bylo příliš malé.

"Hey, wait for me! I want to race too!" he shouted. But his brothers were too far away and his bike was too small.

Jeho bratři se brzy vrátili a společně se chichotali. „To není fér," zakřičel Jimmy. „Já chci jezdit na velkém kole jako vy."

Soon his brothers returned, giggling to each other. "It's not fair," screamed Jimmy. "I want to ride your big bikes too."

„Ale Jimmy, jsi ještě moc malý," řekl jeho nejstarší bratr.

"But Jimmy, you're too small," said his oldest brother.

„A navíc na normálním kole ani jezdit neumíš," řekl prostřední bratr.

"And you don't even know how to ride a two-wheeler," said the middle brother.

„Nejsem malý!" zakřičel Jimmy. „Zvládnu všechno, co zvládnete vy!"

"I'm not small!" shouted Jimmy. "I can do everything you can!"

Rozběhl se ke svým bratrům a popadl jedno z kol. „Jen se dívejte!" řekl.

He ran to his brothers and grabbed one of the bicycles. "Just watch!" he said.

„Buď opatrný!" zakřičel jeho nejstarší bráška, ale Jimmy neposlouchal.

"Be careful!" yelled his oldest brother, but Jimmy didn't listen.

Přehodil jednu nohu přes velké kolo a pokusil se na něj vylézt. V tu chvíli ale ztratil rovnováhu a spadl přímo na zem do bláta.

Throwing one leg over, he tried to climb the large bike. At that moment, he lost his balance and crashed on the ground, directly into a mud puddle.

Jeho dva starší bráškové vyprskli smíchy.

His two older brothers burst out laughing.

Jimmy vyskočil na nohy a otřel si zablácené ruce do špinavých kalhot.

Jimmy jumped on his feet and wiped his muddy hands on his dirty pants.

Jeho bráškové se kvůli tomu začali smát ještě více.

This just caused his brothers to laugh more.

„Promiň, Jimmy," řekl nejstarší bratr, zatímco se nadechoval. „Je to prostě hrozně vtipné."

"Sorry, Jimmy," said the oldest brother in between laughter. "It's just too funny."

Jimmy už to nemohl dál vydržet. Kopl do kola a běžel domů se slzami tekoucími po tvářích.

Jimmy couldn't stand it anymore. He kicked the bike and ran home with tears streaming down his face.

Táta sledoval své syny ze dvorku. Zavřel knížku a vydal se k Jimmymu.

Dad watched his sons from the backyard. He closed his book and went towards Jimmy.

„Zlato, co se stalo?" zeptal se.

"Honey, what happened?" he asked.

„Nic," zabručel Jimmy. Pokusil se setřít si slzy špinavýma rukama, ale místo toho si ještě více rozmazal bláto po obličeji.

"Nothing," grumbled Jimmy. He tried to wipe away his tears with his dirty hands, but instead he smudged his face even more.

Tatínek se usmál a potichu řekl, „Já vím, co tě rozesměje..."

Dad smiled and said quietly, "I know what can make you laugh..."

„Teď mě nerozesměje nic," řekl Jimmy a překřížil si ruce na prsou.

"Nothing can make me laugh now," said Jimmy, crossing his arms.

„Víš to určitě?" řekl tatínek a začal Jimmyho lechtat, dokud se neusmál.

"Are you sure?" said Dad and began to tickle Jimmy until he smiled.

Lechtal ho tak dlouho, až se Jimmy začal chechtat.

Then he tickled him so much that Jimmy started giggling.

Váleli se v trávě a navzájem se lechtali, až se oba začali hlasitě smát.

They rolled on the grass, tickling each other until they both laughed loudly.

Jimmy, který se stále zalykal po hysterickém záchvatu smíchu, skočil tátovi na klín a pevně ho objal.

Still hiccuping from his hysterical laughter, Jimmy jumped on Dad's lap and hugged him tight.

„Díval jsem se, jak jezdíš na svém malém kole," řekl táta a také ho objal.

"I was watching you ride your bike," said Dad, hugging him back.

„A myslím, že už jsi připravený jezdit na kole velkém."

"And I think you're ready to ride a two-wheeler."

Jimmyho oči začaly nadšeně zářit. Vyskočil na nohy. „Vážně? Můžeme začít teď hned? Prosím, prosím, tatínku!"

Jimmy's eyes sparkled with excitement. He jumped on his feet. "Really? Can we start now? Please, please, Daddy!"

„Teď se hlavně musíš vykoupat," řekl tatínek s úsměvem. „Zítra můžeme začít trénovat hned ráno."

"Now you need to take a bath," said Dad smiling. "We can start practicing first thing tomorrow morning."

Po dlouhé koupeli a večeři s rodinou šel Jimmy do postele. Tu noc nemohl vůbec spát.

After a long bath and a family dinner, Jimmy went to bed. That night he could barely sleep.

Znovu a znovu se probouzel, aby zkontroloval, jestli už není ráno.

He woke up again and again to check if it was morning.

Hned jak vyšlo slunce, běžel do ložnice svých rodičů.

As soon as the sun rose, he ran to his parents' bedroom.

Jimmy došel po špičkách k jejich posteli a trošku zatřásl tatínkem. Táta se jen přetočil na druhý bok a dál nerušeně chrápal.

Jimmy tiptoed towards their bed and gave his father a little shake. Dad just turned to the other side and continued snoring peacefully.

„Tati, musíme jít," zamumlal Jimmy a stáhl z tatínka peřinu.

"Daddy, we need to go," Jimmy murmured and pulled off his covers.

Tatínek vyskočil a jeho oči se otevřely. „Aha? Co? Jsem připravený!"

Dad jumped and his eyes flew open. "Ah? What? I'm ready!"

„Pšt..." zašeptal Jimmy. "Nikoho nevzbuď."

"Shhhh..." whispered Jimmy. "Don't wake anybody."

Zatímco zbytek rodiny spal, vyčistili si zuby a šli ven.

While the rest of the family was still sleeping, they brushed their teeth and went out.

Když otevřel Jimmy dveře, uviděl své oranžové kolo třpytící se ve světle sluníčka. Přídavná kolečka už na něm nebyla.

As he opened the door Jimmy saw his orange bike, sparkling in the sun. The training wheels were off.

„Děkuji, tatínku!" zakřičel a rozběhl se ke kolu.

"Thank you, Daddy!" he shouted as he ran to his bike.

Táta mu ukázal, jak na kolo nasednout a šlapat. „Bude to zábava!" řekl a nasadil Jimmymu na hlavu helmu.

Dad showed him how to mount it and how to pedal. "Let's have some fun!" he said, putting a helmet on Jimmy's head.

J

Jimmy se zhluboka nadechl, ale ani se nepohnul. „Tak pojď. Pomůžu ti posadit se do sedla," trval na svém tatínek.

Jimmy took a deep breath, but didn't move. "Come on. I'll help you into the seat," Dad insisted.

„Hmm..." zamumlal Jimmy a hlas se mu třásl. „Mám... mám strach. Co když znovu spadnu?"

"Umm..." mumbled Jimmy, his voice shaking. "I'm...I'm scared. What if I fall again?"

„Nemusíš se bát," ujistil ho tatínek. „Zůstanu blízko, abych tě chytil, kdybys padal."

"Don't worry," reassured his dad. "I'll stay close to catch you if you fall."

Jimmy vyskočil na kolo a začal pomalu šlapat.

Jimmy hopped on his bike and began pedaling slowly.

Když se kolo naklonilo doprava, Jimmy se naklonil doleva. Když se kolo naklonilo doleva, Jimmy se naklonil doprava.

When the bike tipped to the right, Jimmy leaned to the left. When the bike tipped to the left, Jimmy leaned to the right.

Občas taky z kola spadl, ale nevzdával se – zkoušel to znovu a znovu.

Sometimes he fell down, but he didn't give up – he tried over and over again.

Každé ráno spolu trénovali.

Morning after morning they practiced together.

Táta Jimmyho držel, když ztrácel rovnováhu, ale nakonec se králíček naučil šlapat rychle.

Dad held on while Jimmy wobbled, and eventually the little bunny learned to pedal fast.

Jednoho dne táta Jimmyho pustil a Jimmy jezdil úplně sám a ani jednou nespadl!

Then one day Dad let go and Jimmy could ride all by himself without falling even once!

Tatínek se usmál. „Právě ses naučil jezdit na kole a to už nikdy nezapomeneš."

Dad smiled. "Now that you know how to ride, you'll never forget it."

“A taky můžu závodit!” zvolal Jimmy.

“And I can race too!” exclaimed Jimmy.

Ten den Jimmy už mohl závodit se svými brášky.

That day Jimmy raced with brothers.

Hádejte, kdo závod vyhrál?

Guess who won the race?

www.ingramcontent.com/pod-product-compliance
Lightning Source LLC
LaVergne TN
LVHW072110250826
846485LV00051B/64

* 9 7 8 1 5 2 5 9 4 2 8 0 8 *